# BARTOLITO Y LAS SIETE EMOCIONES

# BARTOLITO Y LAS SIETE EMOCIONES

Ana María Hijano Gaspar

Círculo Rojo
EDITORIAL

Primera edición: octubre 2025

Depósito legal: SE 1865—2025

ISBN: 979—13—7023—557—4

Impresión y encuadernación: Editorial Círculo Rojo

© Del texto: Ana María Hijano Gaspar
© Maquetación y diseño: Equipo de Editorial Círculo Rojo


Editorial Círculo Rojo
www.editorialcirculorojo.com
info@editorialcirculorojo.com

Impreso en España — Printed in Spain

Quiero dedicar este libro

A mis hijos Juan Miguel y Cristina

Y a mis nietos Saúl, Zoe y Mía

Porque sois el latido que me sostiene,

La Luz que me ilumina

Y el impulso que me anima a mejorar en mi día a día.

A mí compañero de vida, Miguel

Por su paciencia infinita,

Por su abrazo silencioso en mis noches de vigilia

A mí hermano menor, Daniel Hijano,

Por su persistencia, por sus ánimos,

Por creer en mi incluso cuando ni yo misma creía,

De no ser por él, seguramente, este sueño hubiera quedado como algunos más en un viejo cajón olvidado

Y, darme las gracias, a Rafael Ángel,

Por servirme de inspiración, de ejemplo,

Por encontrar en sus palabras Fe y aliento,

Él me enseñó que las alas no se heredan,

Se construyen con coraje, con ternura e intención.

Gracias a todos por recordarme que volar es posible.

Con todo mi Amor

ANA.

# PRÓLOGO

En el universo literario dedicado a la infancia y la juventud hay obras que logran traspasar el umbral de lo meramente narrativo para convertirse en verdaderas guías del alma. *Bartolito y las siete emociones*, de Ana María Hijano Gaspar, es una de esas raras joyas. Se trata, en esencia, de una travesía iniciática, un viaje interior que se enmarca en un relato de apariencia sencilla pero de hondura simbólica y emocional profunda.

En esta historia nos encontramos con Bartolito, un joven monaguillo que, en el umbral de un cambio vital, se ve envuelto en una experiencia mágica que lo lleva a recorrer un espacio metafórico: el Mercado de las Emociones. Este espacio es, en realidad, una cartografía emocional, una suerte de viaje del héroe al estilo de Campbell, pero adaptado a la sensibilidad infantil. Es también un espejo de la vida interior de cualquier lector: niño, adolescente o adulto, pues todos, de una forma u otra, hemos transitado por los caminos inciertos del miedo, la alegría, la tristeza, la sorpresa, el enfado, el asco y el amor.

Ana María construye este relato desde una sensibilidad delicada, cercana, y con un dominio intuitivo de la pedagogía emocional. Su lenguaje es sencillo sin ser simple, rico en imágenes sin perder claridad, y de una ternura constante que nunca incurre en el sentimentalismo. Su mayor acierto, sin duda, es haber creado una narrativa que enseña sin aleccionar, que emociona sin forzar, y que invita a la introspección desde la más pura autenticidad.

No es casualidad que la historia comience con una despedida: la partida de Bartolito hacia la Universidad simboliza el primer gran desprendimiento de la infancia. Desde ahí, la historia transita por una suerte de ritos de paso, cada uno representado por una emoción. Estos episodios son verdaderas lecciones de inteligencia emocional, entendida esta como la capacidad de reconocer, aceptar y canalizar las propias emociones. En tiempos donde los niños y adolescentes enfrentan una complejidad emocional creciente, obras como esta se convierten en una herramienta valiosísima, no solo para la lectura individual, sino también para el trabajo en familia o en el aula.

El Mercado de las Emociones que atraviesa Bartolito tiene algo de Lewis Carroll, algo de Saint-Exupéry y bastante de Jung: allí donde la alegría se convierte en una burbuja huidiza que hay que perseguir con ligereza y juego; donde el miedo adopta forma de niebla que solo la luz interior puede disipar; donde cada emoción aparece como una entidad que enseña, confronta y, finalmente, sana. Así, cada puesto del mercado se convierte en una estación de aprendizaje; en un rito de paso, como decía.

En otras palabras, la autora ha sabido equilibrar con maestría el lirismo y el mensaje pedagógico. En su obra se advierte una sensibilidad cultivada, una vocación docente que se combina con un impulso creativo generoso. Este libro es un cuento para niños, sí, pero también es un artefacto emocional, una herramienta de acompañamiento que puede ser leída en diferentes etapas de la vida, y que sin duda dejará huella en quienes se acerquen a él con el corazón abierto.

Como dijo alguna vez el poeta Rainer Maria Rilke, «la verdadera patria del hombre es la infancia». Ana María Hijano Gaspar lo sabe, y por eso nos ofrece en *Bartolito y las siete emociones* un regreso a ese territorio donde todo está por descubrir y donde las emociones no son enemigos a reprimir, sino aliados a comprender.

Que Bartolito, con su campanilla dorada y su alma valiente, nos siga recordando que la alegría está también en el intento, que el miedo se disuelve con luz y que crecer es, también, aprender a sentir con verdad.

Buen viaje.

Óscar Fábrega.

# CAPITULO I:
# BARTOLITO Y EL MERCADO DE LAS EMOCIONES

Como todas las tardes Bartolito tras terminar la Misa procedió a soplar las velas y regresar a la Sacristía.

Aquel día era muy especial. Un gran dolor invadía su corazón. Mañana abandonaría su pueblo natal y marcharía a la ciudad donde comenzaría una nueva etapa de su Vida: la Universidad.

Bartolito siempre había sentido una gran conexión con su pueblo. Había crecido entre la calidez de los vecinos, los partidos de fútbol en la plaza con sus amigos, las viejas tradiciones del lugar, tradiciones que parecían que nunca iban a cambiar.

Pero Bartolito no era un niño como los demás. A los 9 años comenzó a ser monaguillo de la iglesia del pueblo donde prestó su servicio de forma desinteresada y que para él era como su segundo hogar.

Mientras realizaba sus faenas, las visitas a la biblioteca de la iglesia eran muy frecuentes. El Padre le dejaba que cogiera todos los libros que necesitara y Bartolito era un auténtico devorador de libros. Ellos consiguieron despertar su curiosidad por el Mundo que existía más allá de sus montañas. Aprendió mucho sobre otras culturas, otras tradiciones, otros lugares y creó en él la clara convicción de que con Valor y trabajo el destino de las personas se podían cambiar.

Cuando Bartolito recibió la carta donde se confirmaba su acceso a la Universidad, Bartolito se llenó de emoción. Era el primer niño del pueblo en conseguirlo. Sin embargo, ahora que se acercaba el momento, su corazón lo sentía partido en dos. Por un lado, loco e ilusionado pues siempre había querido ser Profesor y ahora comenzaría con este paso su camino hacia lograr el sueño deseado. Por otra parte, la duda e incertidumbre se comenzaron a ceñir sobre él: ¿Y si no encontraba su sitio en la gran ciudad?¿Y si al irse dejaba de ser Bartolito "el monaguillo "para pasar a ser alguien que ni sus seres queridos pudieran reconocer?....

Estando Bartolito a punto de terminar su faena, cuando Sebastián el párroco, se acercó a él:

—"Quiero pedirte un último favor, Bartolito —le dijo con voz tranquila y pausada—Me gustaría acercarme un momento a casa de Fran, el chico que te sustituirá mañana. ¿Te importaría quedarte aquí mientras que vuelvo? No tardaré nada, te lo prometo".

Bartolo asintió con la cabeza mientras veía a Sebastián marchar. No le había costado ningún trabajo aceptar. Sebastián siempre había sido como su segundo padre. Además, así también tendría tiempo de despedirse a solas de aquel lugar tan importante para él.

Comenzó a andar por toda la Iglesia, a contemplar cada rincón, a recorrer cada uno de sus pasillos. Deambulaba cabizbajo, con la nostalgia de quien en un plis— plas ve pasar ante él todo el tiempo transcurrido.

De pronto, algo llamó poderosamente su atención. En aquella Iglesia tras el Altar Mayor había una puerta. Siempre había permanecido cerrada por expresa orden de Sebastián. Sin embargo, en aquel preciso momento, se encontraba entreabierta y un sonido suave y persistente parecía emanar del lugar.

Bartolito recordó cuántas noches se había quedado dormido preguntándose qué se escondía detrás de aquella misteriosa puerta y lleno de curiosidad decidió escuchar su Yo interior y acercarse hasta ella.

Empujó la puerta con sumo cuidado: "Debe ser una señal—pensó—Hoy es mi último día aquí. Saciaré mi curiosidad. Quizá fue cosa de Sebastián…". Ni se oyó ningún chirrido ni tampoco la puerta ofreció ningún tipo de resistencia. Abrió la puerta lenta y completamente. El corazón de Bartolito parecía querer de un momento a otro saltar. En aquella noche se le oía retumbar como los tambores que abrían la procesión todos los Viernes Santos en la salida procesional.

Al cruzar el umbral Bartolito sintió como una brisa fresca y luminosa le envolvió.

Dio unos pasos adelante y volvió a detenerse. Algo dentro de él le decía que eso no estaba bien, que no debía estar allí pero él decidió seguir su intuición y dejar atrás el Miedo cuando de pronto de la campanita que colgaba de su cinturón de monaguillo se oyó un suave y tranquilizador tintineo.

Fue avanzando lentamente.

Pasito a paso.

Ante él se descubrió todo un paisaje mágico que parecía Ser infinito: era el Mercado de las Emociones. Todo un Universo lleno de vida, colores, fragancias y sonidos nunca antes visto.

Todo estaba iluminado. Habían luces de todos los colores: blancas, amarillas, rojas, verdes, azules….también las había más oscuras, cómo grises, pero los colores fuertes e intensos prevalecían sobre éstos dando sensación de un colorido multi verso.

Bartolito siguió caminando. Cada vez se sentía más y más liviano y ligero.

Había toda una red de caminos ante él. Unos eran como senderos aterciopelados, otros de hierbas resplandecientes, y hasta tapices de luces saltarinas danzantes. A cada lado del camino puestos bellamente decorados donde la variedad y luminosidad variaban de unos a otros desde ramajes florecientes, destellos chispeantes, arbustos que parecían emerger del éter. El aire, estaba cargado de aromas, desde la dulce miel a la fresca lluvia. Músicas en el ambiente que parecían surgir de las mismas emociones.

¿Emociones? Si, Emociones. Porque lo más curioso de este mercado era que no era un mercado habitual de frutas y vestidos, era un mercado de Emociones.

De pronto ante Bartolito apareció una imagen muy singular, una dulce ancianita de cabellos blancos y suaves facciones que con voz tierna y melosa le dijo:

"¡Bienvenido, joven viajero!. Bienvenido al Mercado de las emociones. Un lugar donde cada puesto tiene una emoción, cada emoción un sentimiento y cada sentimiento una lección. No será un viaje sencillo, pero te prometo una cosa: Habrá un Antes y un después. Ya no volverás a ser el mismo de Ayer".

# CAPITULO II:
# EL PUESTO DE LA ALEGRÍA

Bartolito siguió andando hacia el primer puesto que alcanzaba ver. Era el Puesto de la Alegría.

Allí , entre guirnalda de flores, miles de burbujas flotantes, campanitas doradas, bellos atrapasueños, y cientos de objetos más, había un vendedor halagüeño y pintoresco cuyo pelo cambiaba de color según quién se le acercaba al mostrador y al verle exclamó:

—"¡Bienvenido muchachito, al puesto de mayor vibras del mercado!. Veo que traes una mezcla de emociones contigo"—dijo el vendedor — "Logros y pérdidas, alegría y melancolía, todas juntas intentando encontrar su lugar. Pero aquí en este puesto aprenderás algo muy importante:

La Alegría siempre está ahí, incluso, cuando parece estar escondida".

Bartolito frunció el ceño:

—"¿Cómo puedo sentirme realmente feliz si una parte de mí está triste?".

—"Aquí la alegría toma forma para que nunca la olvides. Te propongo un desafío…¿Ves aquella burbuja?… ¡atrápala!….. Deberás hacerlo con rapidez pues ella no se dejará . Deberás dejar de pensar en lo que no puedes controlar y vivir el Presente. La alegría no espera a los que se aferran al pasado o temen al futuro.

Recuerda que el objetivo es disfrutar sin miedo al fracaso.

La Alegría a veces es inesperada, la encuentras donde menos te esperas, muchas veces en las cosas más fáciles, más simples, más pequeñas, tan solo hay que estar dispuesto a Buscar. ¿Estas listo? ¡Vamos inténtalo!".

—" Pero, me será imposible….¡ Corre mucho!".

—"¿Cuándo tocas las campanas de la iglesia estás pensando en que debe de sonar perfectamente c disfrutas del sonido que crean? Dime, Bartolito".—preguntó el vendedor. "No debes perseguirla como si fuera una tarea más que cumplir. Persíguela como si estuvieras jugando".

Bartolito asintió y comenzó a correr y saltar tras la burbuja, saltaba y saltaba sin parar de un sitio a otro, de izquierda a derecha, arriba, abajo, pero no lo hacía de forma controlada sino siguiendo su intuición, disfrutando de cada paso, sin preocuparse de si podría cogerla o no y aunque la burbuja cada vez que Bartolito se iba a acercar se movía con más y más intensidad, Bartolito ya iba dando tropezones y cada tropezón le iba provocando risas y más risas . Risas de verse en esa situación desenfrenada, de la ligereza que sentía al permitirse llevar por el momento.

Ante él iba cruzándose mientras tanto otras burbujitas. En una pudo distinguir el día que aprendió a tocar la campana de la iglesia, en otra el día que metió el gol en la plaza y su equipo ganó el torneo, en otra la primera vez que salió de Nazareno, y así, montones de recuerdos de situaciones alegres que formaban parte ya de su ayer.

Comenzó a comprender que no necesitaba atrapar la grande para ser feliz que ya lo estaba siendo en el intento.

De pronto la burbuja que debía atrapar paró en seco, Bartolito se acercó. En ella vio una imagen que tardó un poquito en reconocer: era él mismo con apenas seis años en un rincón de la iglesia. Esa imagen había sido enterrada en su memoria y ahora volvía a él. Con la Iglesia vacía se había subido al altar. Había cogido una campanita que Sebastián tenía allí y la había intentado hacer sonar cuando de pronto se le cayó. El sonido había resonado en todo el lugar. Corrió a esconderse tras el Altar y en ese momento Sebastián se le acercó sonriendo : "Bartolito, las campanas son como la vida. A veces fallamos al principio pero eso no significa que no podamos volver a intentarlo. ¿Quieres que te enseñe a tocarla?".

Bartolito asintió y sus ojos se llenaron de lagrimas. Era la primera vez que alguien creía en él y le había mostrado que podía aprender de sus errores.

Bartolito con su mano tocó la burbuja y ésta explotó saliendo cientos y cientos de destellos luminosos que cubrieron el Puesto. Entre los destellos apareció una campanita dorada parecida a la que él llevaba en su cinturón pero de un brillo mucho más intenso.

El vendedor aplaudió y se acercó: "¿Lo ves Bartolito? Esa memoria estaba escondida en tu interior. A veces nuestros errores pueden ser el comienzo de algo bello.

Esa campanilla será tu recordatorio de que la Alegría no solo está en lo que alcanzas sino también en el camino que cruzas para alcanzarlo.

Llévala contigo a la Universidad y nunca olvides las risas de tu pueblo, las campanas de tu iglesia ni la emoción de tus sueños. Los recuerdos hermosos no son solo para mirar hacia atrás, son para iluminar los que están por venir".

Bartolito cogió la campanilla y la colocó en su cinturón justo al lado de la que tenía de la iglesia y en ese momento sintió que no estaba dejando atrás su hogar. Lo llevaría consigo en su corazón y en sus recuerdos.

# CAPITULO III:
# PUESTO DEL MIEDO

Aunque Bartolito salió del Puesto de la Alegría mucho más feliz y liviano pronto se dio cuenta de algo que le llenó de inquietud: el ambiente a su alrededor comenzaba a transformarse. Las luces cálidas y los colores vivos se habían transformado en un ambiente denso y gris. Los caminos que hasta entonces habían sido amplios y acogedores, ahora se tornaban estrechos y en el borde del camino se entreveían sombras que parecían susurrarle al pasar. Hasta el tintineo de su campanita dorada tocaba diferente como Respetando el cambio en el medio ambiente.

Bartolito sintió como un enorme escalofrío le traspasaba y miró a su alrededor buscando el próximo puesto.

"Puesto del Miedo"—leyó en un cartel—"Algo me dice que no va a ser fácil …". Bartolito tragó saliva y ajustándose la campanita dorada en su cinturón siguió adelante. Este puesto no tenia nada parecido al anterior. Estaba rodeado de una oscura y densa niebla, apenas se distinguían sus contornos. Los objetos extraños que allí se veían, como espejos agrietados, linternas opacas, figuras que se movían sin revelar su forma exacta,…. tan solo eran iluminados por una lúgubre luz parpadeante.

Bartolito dio un profundo respiro y dando un paso adelante se dijo a si mismo:

—"El miedo no espera a que estés listo. Pero no por eso voy a detenerme".— se dijo él mismo intentando animarse.

De entre la niebla de pronto emergió una figura alta y elegante, con capa oscura que parecía estar hecho de la misma materia que la niebla que rodeaba al Puesto. No era una figura aterradora, su rostro era amable y reflexivo, con una mirada parecía contemplarlo todo.

—"¡Bienvenido, Bartolito!" —dijo con voz profunda — "Has llegado a un lugar al que todos evitan pero que todos deben conocer en algún momento. Aquí aprenderás que el Miedo no es tu enemigo sino tu Maestro, aunque un Maestro muy severo. Dime, ¿A qué teme más?".

Bartolito bajó su mirada y dijo:

—"No sé si podré hacerlo bien en la Universidad. No sé si pertenezco a ese lugar. ¿Y si me voy y….?¿Y si pierdo mi conexión con mi familia y con mi pueblo?"

Bartolito miró al Guardián con mirada desconfiada.

—"¿Cómo puede ayudarme el Miedo si ante él me siento más pequeño e indefenso?".

El Guardián contestó como si hubiera estado esperando esa pregunta:

—"El miedo a lo desconocido y el miedo al cambio son inevitables cuando te enfrentas al crecimiento. Es normal. El miedo puede ser abrumador, pero también hay algo que debes saber: El miedo no está aquí para detenerte sino para mostrarte lo que más valoras y necesitas proteger. Si estás listo hoy enfrentarás una prueba que te ayudará a entenderlo".

El Guardián señaló un camino envuelto en sombras profundas, donde figuras apenas visibles se movían susurrando palabras que Bartolito no lograba entender.

—"Ese camino está lleno de tus propios temores" — explicó el Guardián— "Cada sombra que encuentres reflejará una parte de tí mismo, tus dudas, tus fracasos, tus incertidumbres sobre el futuro. Para llegar al final deberás enfrentarlas y aceptarlas porque son parte de ti pero no tu Todo. Toma esta linterna. Es mágica . Te ayudará a cruzar el camino pero solo si aprendes a confiar en ti mismo. El camino estará lleno de sombras. Son eso, solamente eso: sombras. Ellas reflejan tus temores.  No pueden dañarte si decides enfrentarlas.

La linterna que te doy responderá a tu valentía. Cuanto más confíes en ti mismo más brillará".

Bartolito miró el camino y luego la linterna y sintió como la presión en su pecho se hacía más y más fuerte.

Pero entonces escuchó el tintineo de su campanilla dorada, respiró hondo y dio su primer paso.

Bartolito miró el camino señalado por el Guardián, era como un sendero que parecía desaparecer en la oscuridad. A lo lejos vio una serie de figuras que lo esperaban, moviéndose lentamente como si quisieran alcanzarlo. Su primer instinto fue retroceder pero la campanilla tintineó suavemente recordándole que ya había superado otros desafíos antes. Así que con la linterna en la mano y un nudo en el estómago comenzó a caminar.

—"No son reales, no son reales" —murmuraba Bartolito— "Solo son miedos que mi mente ha creado. Solo son sombras"— decía recordando las palabras del Guardián.

A medida que avanzaba las figuras, que eran como sombras, adquirían formas más definidas. Bartolito vio reflejos de sí mismo en cada una de ellas:

La primera sombra era una versión más joven de sí mismo, sentado solo en la iglesia tras romper sin querer la campana. La sombra le decía una y otra vez:

—"¿Qué clase de monaguillo rompe una campana?".

Bartolito se detuvo, miró su linterna y se obligó a encenderla. La Luz, aunque era tenue, hizo que la sombra vacilara.

—"Rompí esa campana, si, pero fue sin querer y aprendí a ser más cuidadoso. Y nadie me juzgó. Me ayudaron a repararla. No soy solo mis errores".

La sombra se desvaneció y la linterna brilló con más fuerza.

La siguiente sombra era más grande y oscura. Mostraba una versión de Bartolito caminando por la Universidad rodeado de estudiantes que parecían más confiados, más preparados que él. La sombra le susurraba:

—"¿Y si no encajas aquí? ¿Y si no eres lo suficientemente bueno?".

Bartolito sintió que esas palabras le golpeaban el pecho. Era el miedo que más le perseguía. Pero esta vez, en lugar de detenerse, se aferró a la campanilla y dejó que el tintineo le guiara:

—" No tengo que ser perfecto. Estoy aquí para aprender igual que todos. Nadie nace sabiendo. Lo que llevo hecho me ha llevado hasta aquí, premio a mis esfuerzos, significa que me lo merezco".

Una vez más la luz de la linterna se intensificó. La sombra se desvaneció.

Al final del camino Bartolito encontró un objeto brillante flotando en el aire: una piedra transparente en cuyo interior brillaba una chispa de luz.

Al tomar la piedra sintió una inmensa Paz, como si todos sus temores hubieran desaparecido. Entonces escuchó la voz del Guardián a lo lejos que le decía:

—"El miedo nunca se irá por completo Bartolito y eso está bien. Siempre estará ahí para recordarte lo que importa, para ayudarte a prepararte. Pero ahora sabes que puedes enfrentarlo y que hasta en los momentos de más oscuridad tu Luz Interior será suficiente para disiparlo. Llévate esta piedra como recordatorio de lo que has aprendido con ella".

Bartolito asintió, cogió la piedra y dando Gracias se preparó para seguir su camino mucho más ligero.

# CAPITULO IV:
# EL PUESTO DE LA GRATITUD

Bartolito había recorrido ya dos puestos de aquel hermoso Mercado: el de la Alegría y el del Miedo, pero en su interior sabía que le quedaba mucho más por recorrer y muchas lecciones que aprender.

Una vez más mientras caminaba por un nuevo sendero sintió como la brisa comenzó a cambiar. El viento parecía juguetón, le acariciaba el rostro y sutilmente le empujaba hacia un lateral del mercado, uno que no había podido percibir antes. En ese sendero no había ningún cartel. De pronto, vio una pequeña colibrí. Era dorada y brillante. Revoloteaba a su alrededor como si estuviera pidiéndole que le siguiese. Emitía un suave trino, era como una melodía antigua pero que a Bartolito le resultaba familiar.

La colibrí se posó en una rama y comenzó a mirarle muy fijamente como pretendiendo decirle algo:

"¿A dónde quieres llevarme pequeño Amigo?" — le preguntó Bartolito.

La colibrí agitó sus alas y echó a volar nuevamente. Bartolito la siguió.

Ella le guió hasta un claro amplio y tranquilo rodeado de árboles altos cuyas hojas susurraban con el viento. Pero en el centro de aquel claro había algo extraordinario: un árbol grandísimo con raíces que parecían extenderse hasta lo más profundo de la tierra y ramas que tocaban el cielo.

La colibrí voló hacia una de las ramas más bajas y cantó nuevamente. En ese momento, Bartolito sintió que algo despertaba dentro de él, cómo si el árbol y la colibrí le estuvieran hablando sin decir palabras. La colibrí dejó caer una hoja dorada y en ella se podía leer:

"La Gratitud vive en tus raíces. Ábrete al Amor que te ha construido ".

Mientras leía, el árbol comenzó a emitir un suave latido, como si tuviera Vida propia. Las raíces se movieron lentamente revelando un camino que llevaba al corazón del árbol. Bartolito supo que ese era el lugar donde debía estar. Avanzó con cuidado. Sabía que estaba a punto de enfrentarse a algo más grande que él, algo que le conectaría con quienes siempre habían estado a su lado, incluso cuando él apenas había notado su presencia.

Desde el interior escuchó una voz suave y cálida que parecía provenir de las mismas paredes del árbol:

—"¡Bienvenido al Árbol de la Gratitud, Bartolito!. Aquí las raíces sostienen los recuerdos y las ramas abrazan el Amor. Pero para comprenderlo debes ofrecer algo a cambio: tus propios gestos de Gratitud. Para ello deberás pasar tres pruebas".

Para la primera comenzaron a caer frutos dorados del árbol que parecían contener luz en su interior.

El Guardián del Árbol explicó:

—"Cada uno de estos frutos contiene un recuerdo importante de tu vida. Algunos brillarán con el Amor que te construyó, otros solo reflejarán momentos pasajeros. Debes elegir qué frutos realmente representan las raíces de tu Gratitud".

Bartolito observó los frutos y eligió uno al azar. Al cogerlo sintió una vibración y comenzó a percibir una imagen: su madre cosiendo su sotana de monaguillo. Su rostro era iluminado por la luz de una vela mientras cantaba una bella canción. Bartolito no solo oyó la canción sino que en ese momento sintió el calorcito del Amor de su madre y un nudo se formó en su garganta. "Este es verdadero" —dijo, y colocó el fruto a su lado.

Cogió otro fruto, en este caso mostraba a Sebastián entregándole un libro. Oyó las palabras del recuerdo:

—"Tienes talento, Bartolito. Deja que estás historias te inspiren a escribir las tuyas".

Bartolito comprendió cuanto le habían dado estas palabras de aliento. Este fruto también pasó la prueba. Sin embargo, no todos eran tan significativos. Uno de ellos mostró una escena alegre de un paseo por el mercado, pero Bartolito se dio cuenta de que aunque el recuerdo era feliz, no había en él un momento de conexión profunda, por tanto lo apartó y lo puso en otro lado. Cuando terminó había cogido ya tres frutos, cada uno de Amor verdadero. El Guardián dijo con satisfacción:

—"Has reconocido las raíces que te sostiene. Ahora esas raíces fortalecerán al Árbol". Al colocar los frutos en las raíces, comenzaron a brillar y el susurro del Árbol se hizo más fuerte en señal de Gratitud.

El Guardián guió a Bartolito hacia el interior del Árbol. En el centro flotaban cristales de distintos tamaños.

—"El Amor no siempre grita"— dijo a Bartolito.— " Estos cristales guardan gestos silenciosos, acciones pequeñas que no notaste en su momento pero que ayudaron a construir quien eres. Para liberarlos debes reconocer su valor".

Bartolito tocó uno de los cristales y se formó una imagen: era su vecina sonriendo mientras le daba un vaso de agua en un día de calor. En ese momento Bartolito recordó cómo lo había bebido sin pensar, sin imaginar lo significativo de esa acción.

—"Gracias" — susurró.

Y al pronunciar esta palabra el cristal se transformó en una bella y dorada flor.

El siguiente cristal mostró a un niño pequeño en la iglesia. Bartolito le había ayudado a tocar la campana y aunque para él era un gesto simple, algo trivial, para el chiquillo aquello había supuesto un mundo, ¡La primera vez que tocaba la campana!...

—"Nunca supe cuánto significaba para él" — pensó.

Al reconocerlo también ese cristal se transformó en otra bella flor.

El tercer cristal reveló a su madre en la cocina haciendo de comer mientras decía en voz baja:

—"Espero le guste.¡ No sabe cuánto le quiero!".

Los ojos de Bartolito se humedecieron. No recordaba haberle dado las gracias por todos sus cuidados y esmeros.

—"Gracias mamá "—dijo.

Y al decir esto salió la más bella flor dorada que hubiera podido imaginar jamás.

Cuando ya tenía las tres flores, el Árbol respiró profundamente y su brillo llenó la sala.

La última prueba llevó a Bartolito a una gran sala donde había una llama azul rodeada de tres grandes velas apagadas.

El Guardián le dijo:

—"La Gratitud es como una llama: puedes iluminar todo su alrededor pero necesita ser alimentada. Para encender estas velas debes expresar en voz alta tu Gratitud a todas esas personas a quienes amas".

Bartolillo se arrodilló ante ellas, cerró los ojos y comenzó a decir en voz alta:

—"Gracias mamá por tu Amor y tu paciencia. Por el cuidado que me das, por las atenciones de Amor que me prestas, gracias por dar cada día de tu vida a las personas que amas". —Con estas palabras la llama creció y se encendió una de las velas.

Bartolito prosiguió:

—"Gracias Sebastián por confiar en mí. Por tus palabras de aliento y de cariño, por mostrarme el poder de las Historias. Me enseñaste a soñar más allá de lo que la Vida me mostraba". — Otra vela se encendió y la llama volvió a crecer.

—"Gracias amigo Fabián , por vuestras risas y juegos. Por apoyarme cuando yo estaba triste, por compartir conmigo tus vivencias".

La tercera vela también se encendió y aquel lugar se llenó de un susurro agradecido.

El Árbol comenzó a florecer y de su tronco emergió un fruto dorado que el Guardián entregó a Bartolito:

—" Este fruto contiene todo el Amor y Gratitud que has cultivado. Llévalo siempre contigo como recordatorio de que nunca jamás estarás solo".

Bartolito cogió el fruto en sus manos y antes de partir le dijo al Árbol:

—"Gracias por enseñarme lo que siempre estuvo en mi corazón ".

Las ramas del Árbol se inclinaron dándole el adiós a Bartolito quien avanzó hacia el siguiente Puesto.

# CAPÍTULO V:
## PUESTO DE LA IRA.

Tras dejar atrás el Puesto de la Gratitud una vez más sintió Bartolito el cambio de aire a su alrededor.

Una gran estructura de paredes negras, destellos anaranjados como el fuego y una chimenea que liberaba chispas hacia el cielo apareció ante él. Delante de esta gran estructura un cartel de hierro cuyas letras decían:

"El Puesto de la Ira: Transforma el fuego que te consume en la Luz que te guía".

Bartolito se quedó atónito y tocándose suavemente su barbilla pensó:

—"Es muy distinto a todo lo que me he encontrado hasta ahora".

Para Bartolito la Ira era una emoción que siempre había luchado por evitar, aunque en ocasiones no lo hubiera conseguido. Como monaguillo había tenido que cultivarse la paciencia y la tranquilidad. Ahora, frente a esta forja, sentía una mezcla de emociones, miedo, curiosidad y determinación.

Al dar el primer paso hacia el interior las puertas de la forja se abrieron lentamente y un calor envolvente lo recibió junto con la figura imponente del Guardián del Fuego Interior.

El Guardián era una figura robusta, majestuosa. Le cubría una armadura negra y dorada como si hubiera sido forjada en las mismas llamas. Su presencia no era amenazante, pero sí poderosa, y su voz parecía retumbar en aquella forja:

—"¡Bienvenido Bartolito!. Este es el lugar donde la Ira no se teme, se enfrenta. No estás aquí para apagarla sino para entenderla y transformarla".

El Guardián le hizo entrega de un martillo:

—"Este martillo será tu herramienta. Aquí enfrentarás tres pruebas. Cada una de ellas te mostrará una cara distinta de la Ira y cómo puedes usar tu energía para forjar algo nuevo en lugar de permitir que te controle".

La mente de Bartolito se llenó de preguntas: ¿Qué tan grande es mi Ira?¿Qué tal destructiva puede ser?¿Podré convertirla en algo bueno?...

El Guardián le condujo hasta un espejo que ocupaba toda una pared. Al mirarse no vio su reflejo en él sino una sucesión de escenas que él no tardó en reconocer.

En la primera, Bartolito recordó una discusión con su madre, cuando él quería ir a jugar con sus amigos y ella le pidió que ayudara en casa. "No es justo" gritó en el recuerdo antes de marcharse sin mirar atrás.

En la segunda, se vio a si mismo en la Iglesia tocando la campana con fuerza desmedida el día que Julián le dejó plantado en el campanario.

En la tercera, se ve en un partido de fútbol, perdiendo los estribos y gritando a uno de sus compañeros tras perder un partido. Su Ira ese día había herido a otros, y el peso que le había dejado aquella situación aún lo llevaba consigo.

El Guardián le observaba en silencio mientras Bartolito reflexionaba. Finalmente, el joven habló con voz temblorosa:

—"Lo que sentí en aquel momento no era solo ira..... era tristeza, frustración, miedo. Pero no lo sabía ".

El espejo comenzó a brillar suavemente y una chispa dorada emergió de su centro, flotando hacia Bartolito.

—"Has reconocido tu fuego" — dijo el Guardián —"Ese es el primer paso para controlarlo".

Para la segunda prueba, Bartolito se acercó al gran crisol ardiente en el centro de la llama. Un bloque de metal flotaba en el fuego.

—"Tu tarea será controlar estas llamas y forjar con ellas algo significativo. Si la dejas descontrolarse, lo destruirá todo. Si, por el contrario, aprendes a canalizar crearás algo hermoso".

Bartolito tomó unas tenazas que le dio el Guardián y se acercó al crisol. Cada vez que intentaba moldear el metal las llamas se revivían respondiendo a su estado emocional. Pero cuando Bartolito tomó aire, respiró hondo y se enfocó en el presente las llamas se estabilizaron.

Poco a poco, fue dándole forma al metal recordando las campanas de la Iglesia que siempre había tocado de monaguillo. En sus momentos de frustración ese sonido siempre le había calmado. Ahora el metal comenzó a tomar forma de una pequeña campana.

Al terminar el crisol se apagó y el Guardián le dijo:

—"Has contenido el fuego y lo has utilizado para crear algo hermoso".

En la última prueba Bartolito fue conducido hasta una gran sala dentro de la forja. Frente a él se alzaba un muro alto y oscuro, hecho de piedra negra. El Guardián le dijo:

—"Este muro representa las barreras que tu Ira ha levantado en tu corazón. Para avanzar debes derribarlo. No de cualquier manera, sino con intención".

Con el martillo en la mano Bartolito se condujo hasta el muro.

Y comenzó a gritar:

—"¡Por las veces que me guardé dentro todo y no lo dije!, ¡Por las veces que me sentí insuficiente y me enfadé conmigo mismo!". Y golpe tras golpe el muro se derrumbó.

De las ruinas del muro, una Luz dorada y brillante emergió y envolvió a Bartolito.

Bartolito sintió una liberación inmensa, como si todas las barreras que habían en su corazón se hubieran desmoronado.

Al final de las pruebas, el Guardián reunió las piezas que habían quedado del muro y la transformó en una pequeña llama que colocó dentro de un farol.

—"Esta llama es tu fuego Interior, Bartolito".— le dijo. "No temas a tu Ira. Cuando la enciendas y la uses con Propósito será tu aliada".

Bartolito con un farol en una mano y la campana en la otra sintió una enorme Paz Interior. Y salió de aquella forja que ya había cumplido su Misión.

# CAPÍTULO VI:
# PUESTO DE LA TRISTEZA

Un gran escalofrío recorría la espalda de Bartolito al avanzar por el nuevo sendero, pero no era miedo. Era una mezcla de anticipación y nostalgia, como si algo dentro de él predijera que algo muy fuerte estaba a punto de suceder. En esta ocasión, el sendero era mucho más denso, como si el mundo estuviera conteniendo la respiración. Había una niebla espesa. Todo a su alrededor tenía una calma solemne, teñida por un cielo gris perlado donde parecía reflejarse todos sus pensamientos. Había una quietud extraña pero acogedora.

Al mirar hacia adelante, vio un campanario. Solitario, alto, silencioso. El sonido de una campana comenzó a escucharse. No era un tañido cualquiera. Era el mismo sonido que emitían las campanas de la Iglesia donde Bartolito había sido monaguillo. Frente a él un cartel:

"El Puesto de la Tristeza, el lugar donde las lágrimas se convierten en Luz y los recuerdos encuentran su hogar".

Y una puerta que se abrió lentamente como si hubiera estado esperándolo.

Al cruzar la entrada, Bartolito se encontró con un espacio cálido iluminado por velas que parecían estar flotando en el aire. Las paredes estaban cubiertas de grabados. Eran campanas de diferentes formas y tamaños. Todas parecían contener en su interior guardada una historia y hacer intento de contarla, pues todas y cada una de ellas sonaban.

Entre aquellas velas apareció una figura. Era un anciano de cabello blanco cuyo rostro emanaba sabiduría y ternura. Vestía una túnica con tonalidades entre gris y plateado como si estuviera tejido con la misma bruma que rodeaba el campanario.. En sus manos llevaba una pequeña campanita de bronce.

—"¡Bienvenido, Bartolito!" — dijo — " Soy el Guardián del Puesto de la Tristeza. En este lugar, el Amor y la Tristeza caminan juntos, recordándote que cada lágrima es el eco de algo que amas profundamente. Aquí no tienes nada que temer, solo que recordar".

—"Bien, dime Guardián ¿Qué tengo que hacer?".— preguntó.

Bartolito sintió un nudo en su garganta y comenzó a andar tras él.

Subieron por una estrecha escalera de caracol que parecía no tener final.

Mientras subían los sonidos de las campanas se intensificaron.

En un descansillo había una campana un poco más grande, con una inscripción que decía:

"Campana del Recuerdo". El Guardián invitó a Bartolito a tocarla. Todo aquel lugar se transformó. Ya no estaba en el campanario, estaba en la cocina de su casa. Allí estaba su madre tatareando una hermosa canción, mientras Bartolito sentado en una mesa hacia hermosos  dibujos con mucho Amor.

—"Te costará despedirte de estos momentos ¿Verdad? — le preguntó el Guardián. —" No temas. Los recuerdos no son cadenas que te atan, sino raíces que te sostienen. El Amor y la ternura siempre van de la mano. Lo que sientes no es solo pérdida Bartolito. Es la huella de todo lo que has amado profundamente y esa huella nunca desaparece.".

Fueron subiendo la escalera y llegaron a otro nivel del campanario. Aquí cientos de campanitas colgaban del techo.

—"Estas son las palabras que nunca dijiste. Cada campana contiene un susurro que quedó atrapado en tu corazón ".

Bartolito, con cierta timidez, se acercó a una de ellas. Al tocarla escuchó su propia voz diciendo:

— "Perdóname Julián. No quería que nos peleáramos". Bartolito reconoció ese momento. Fue justo antes de que se enfriaran las cosas entre los dos.

Tocó otra campanita y oyó:

—"Gracias mamá, por todo lo que haces por mí ".

Bartolito se estremeció al darse cuenta de cuántas veces había querido pronunciar estas palabras pero por pudor o tal vez vergüenza nunca fueron pronunciadas.

El Guardián colocó una mano en su hombro:

—" La tristeza a menudo sale de lo que quisiéramos decir pero no nos atrevemos . Toca tantas veces como desees esas campanas Bartolito. Desata esos nudos que guardas en tu interior".

Una a una, Bartolito fue tocando las campanas dejando que todas las palabras salieran al aire. Cada vez que tocaba una de ellas sentía como su corazón se aligeraba con más fuerza.

Finalmente, llegaron al piso más alto del campanario. Desde allí lo podía ver todo: su pueblo, su Iglesia, su casa, su cuarto...

En el centro de la sala había una campana grande y majestuosa.

—"Es la campana del Adiós " — le dijo al Guardián —" Es la campana que tocas cuando estés listo para despegar, para cerrar un capítulo y abrir otro nuevo. Pero recuerda: un adiós No es un final, es un puente entre lo que amas y lo que estás por descubrir. Su sonido no dice ¡Adiós! Sino ¡Gracias!.

Al tocarla, honrarás todo lo que te ha moldeado y ha hecho que hoy seas el muchacho que eres, y abrirás espacio para lo que haya de llegar".

Bartolito se acercó a la campana lentamente. Colocó sus manos sobre ella sintiendo su vibración antes de tocarla. Estaba temblando. Dentro de él una mezcla de tristeza y valentía le invadía. Cerró los ojos y, en un susurro dijo:

—"Gracias, por todo". Luego la hizo sonar.

Su sonido era dulce y profundo.

El eco viajaba no solo hacia afuera sino también hacia su interior llenándolo de una Paz que no había sentido en mucho tiempo.

Mientras tanto, el Guardián le entregó un pequeño colgante en forma de campana.

—"Guárdalo y cada vez que lo toques recuerda que, aunque te alejes, las conexiones que tienes con tu Hogar siempre estarán contigo".

También le entregó un pequeño tarrito de cristal que parecía contener las lágrimas del corazón y el brillo de las estrellas.

"Cada vez que mires este tarrito Bartolito, te acordarás de todo lo que has hecho, de quién eres, de los momentos vividos, las personas que han dejado huellas en tu Alma y los sueños que aún guardas en el rincón más profundo de tu corazón.

Solo quien ama de verdad puede llorar con el Alma. Este tarrito lleva cada risa que compartiste, cada abrazo que diste, cada despedida que enfrentaste con el corazón temblando pero firme. Y así como las estrellas brillan más en un cielo oscuro, tú también brillarás cuando recuerdes todo esto que vive en ti".

Mientras bajaba del campanario Bartolito se sentía diferente.

La tristeza seguía ahí pero para él ya no suponía un peso. Era una compañera amable, una señal de que todo lo vivido había quedado marcado para siempre en su corazón. Cuando salió del sendero, el eco de la campana aún resonaba en su mente, pero esta vez como recordatorio de fuerza y de Amor. Se encontraba listo para seguir adelante.

# CAPÍTULO VII:
# PUESTO DE LA SORPRESA

Bartolito prosiguió su camino. El aire se sentía más ligero, casi etéreo, y a medida que avanzaba, contemplaba como cristales translúcidos que estaban por el sendero parecían trazar un arco iris que brotaba del suelo, . De repente, se escuchó un murmullo suave, como si el suelo estuviera susurrándole. Eran palabras familiares llenas de ternura y cariño.

—"Bartolito, mi niño. Eres más amado de lo que crees". — su corazón comenzó a latir más rápido.

—"¡Mamá! — exclamó. Pero el mundo parecía haber enmudecido. Nadie respondió.

Los cristales formaron un arco majestuoso y en él un cartel decía:

"Aquí los corazones se llenan de Amor inesperado. Atrévete a pasar y descubrir lo que te espera al otro lado".

Bartolito respiró hondo. Con pasos cuidadosos cruzó el arco y entró al Santuario de los Corazones Abiertos.

Una fuente de agua cristalina descubrió ante sus ojos. No arrojaba agua sino luz liquida que se elevaba suavemente hacia el cielo, iluminando todo a su alrededor.

De pronto la luz de la fuente comenzó a emitir imágenes en el cielo. Bartolito quedó muy fijamente mirando esas imágenes. Una vez más éstas le fueron conocidas.

Vio a su madre, mientras le sostenía en su regazo y tatareaba una hermosa canción. Su voz y la ternura de su mirada le hizo revivir aquella situación.

Vio a Julián, su mejor amigo, llevaba un par de canicas doradas que había recibido como premio en una competición y se las llevaba de regalo.

Se vio a si mismo, colocando las flores en los jarrones de la Iglesia en secreto porque quería alegrar la vida de Sebastián sin ser descubierto.

Cada imagen era una mezcla de asombro y Amor tan profundo que no pudo evitar que unas lágrimas rodaran por su mejilla.

—"No sabía que estos momentos eran tan importantes" — murmuró tocando su pecho como si quisiera retener las emociones que le emergía.

La Luz se fue desvaneciendo y, de pronto, una voz se oyó.

—"Los momentos de Amor más grande a veces están escondidos en los gestos más pequeños".

Mientras secaba sus lágrimas una figura emergió de la fuente. Era la Guardiana de la Sorpresa. Su vestido era de un tejido que cambiaba de color con cada movimiento, reflejando los colores del arco iris.

Su cabello era negro y largo, y su mirada profunda y serena transmitía una Paz infinita.

—"Bartolito, soy la Guardiana de la sorpresa. Bienvenido. Has llegado a un sitio donde los corazones despiertan al amor que no habían notado. La sorpresa no siempre es grandiosa, pero sí poderosa. Ven, hay algo que quiero enseñarte".

La Guardiana condujo a Bartolito hasta tres portales.

—"Cada portal te llevará a descubrir una sorpresa que ha estado esperando por ti. No necesitas elegir. Todos conectan contigo. Atravesémoslos juntos".

Cuando cruzaron el primer portal, Bartolito se encontró en un bosque tranquilo, donde los árboles al unísono susurraron su nombre. Frente a él una hermosa y linda fruta cayó y al cogerla en sus manos una visión apareció:

Era el día en que ayudó a un extraño dándole agua al verlo agotado por el calor. La mirada agradecida de aquel hombre resurgió con gran claridad.

Luego vio a su madre contándole una historia sobre su infancia, llena de risas y cariño.

—"Los actos de Amor es como un susurro del viento, puede pasar desapercibido en el momento, pero deja melodías que el tiempo guarda y la vida nunca olvida" — le dijo la Guardiana.

Un segundo portal, lleva a Bartolito hasta un río que fluía suavemente. El agua comenzó a reflejar escenas de su Vida que le pilló totalmente por sorpresa.

Se vio ayudando a Julián, enseñándole a tocar la campana. Julián le abrazaba con fuerza, agradeciéndole su paciencia.

Se vio a si mismo dejando a su madre un ramo de Violetas anónimo en el día de su cumpleaños. Su madre rio durante días por este hecho.

—"Las sorpresas del Amor no siempre son grandes gestos, sino los hilos invisibles que nos conectan a los demás ".

El último portal lo llevó a un espacio lleno de estrellas. Bartolito se sintió flotar en un cielo infinito. Estas estrellas comenzaron a contar su historia:

La primera, la de su madre, quien sacrificó tanto por él, y había pasado toda su Vida llenándolo de Amor incondicional.

La segunda, una carta de Julián quien le expresaba cuánto significaba para él su amistad.

—"La Luz que llevas dentro es tu mejor regalo y siempre brilla más cuando lo compartes con los demás ".

Al regresar a la fuente cristalina que había en el lugar la Guardiana tomó un pequeño cristal brillante:

—"Este cristal contiene la Esencia de todo lo que has descubierto hoy. Un recordatorio de que la Vida está llena de sorpresas de Amor, incluso cuando no las buscas.

Las sorpresas de la vida no están para asustarte sino para guiarte hacia lo que verdaderamente es importante".

Bartolito sostuvo el cristal con cuidado.

—"Gracias — murmuró —"Gracias por mostrarme todo esto".

La Guardiana sonrió :

—"Ve tranquilo, Bartolito. La vida te espera con los brazos abiertos  llenos de sorpresas. Las cosas más bellas a menudo llegan sin avisarlo".

Mientras cruzó el arco para dejar el Puesto de la sorpresa, Bartolo se sintió más pleno. Con el cristal brillando en sus manos, caminó hacia adelante preguntándose qué sorpresas le tendría el destino preparado. Ahora una nueva certeza llevaba consigo:

"Las sorpresas de la Vida no nos llegan para alterar nuestro camino sino para enriquecerla con regalos inesperados".

# CAPÍTULO VIII:
# EL PUESTO DEL ASCO

Bartolito siguió caminando por el sendero, guiado por la suave luz del atardecer, hasta que llegó a un valle muy peculiar. En este se podían distinguir dos partes: Por un lado, un terreno vibrante y colorido, con flores de dulces aromas, frutos secos y colores brillantes. Por otro, ramas caídas, olores fuertes y aguas turbias. Todo un contraste.

En el punto de entrada, Bartolito encontró un cartel que decía:

—"El Asco es la alarma de la vida. Una guía para protegerte y crecer con sabiduría ".

Bartolito se sentía inquieto y decidido entró en el valle convencido de que allí encontraría algo importante.

Comenzó a percibir aromas distintos: uno dulce y fresco que le invitaba a seguir, otro amargo que le hacía retroceder. También sonidos, desde suaves como el agua fluyendo, hasta ásperos como el crujir de las ramas.

El aire parecía hablarle susurrándole mensajes como:

"El Asco no te aleja por capricho, te aparta de lo que pueda lastimarte".

"Escucha a tu cuerpo: lo que hoy rechazas podría estar cuidándote para el mañana".

"No todo lo que te atrae es bueno, ni todo lo que rechazas es malo: observa con el corazón bien abierto".

De pronto, una pequeñita criatura apareció ante él".

—"¡Hola, soy Tito!". — exclamó — el Guardián del Asco y estoy aquí para enseñarte el verdadero valor de esta emoción. Vamos, sígueme"

Tito era un ser curioso, tenía alas translúcidas y un cuerpo que parecía brillar bajo el Sol. Su voz era enérgica y estaba llena de entusiasmo.

Bartolito comenzó a seguirle y Tito mientras tanto le explicó:

—"El Asco puede parecer desagradable, pero, en verdad, es como un Amigo protector. Está para ayudar a mantenerte seguro.

¿Sabías que gracias al Asco podemos alejar de nosotros cosas dañinas ?como la comida en mal estado o lugares peligrosos.

También está el Asco emocional, nos puede alejar de personas que te hace sentir incómodo para proteger no solo tu cuerpo sino también tu Alma".

Tito lo condujo hacia un puente. Era largo y estaba decorado con hojas de diferentes colores. En el centro, había un cartel con dos flechas apuntando en direcciones opuestas.

Una decía: "Sigue lo que te atrae" y, la otra, "Escucha tus sentidos ".

Tito se colocó junto al cartel y le dijo:

—"El Asco no significa evitar todo lo que parece malo, sino aprender a ejercer con tus sentidos y tomar decisiones con sabiduría. ¡Elige tu camino!".

Bartolito observó ambos lados. Aunque uno aparentemente parecía ser la decisión más atractiva, decidió dejarse guiar por su corazón y escuchar su instinto.

—"Creo que elegiré escuchar mis sentidos". — dijo con convicción mientras elegía uno de los caminos.

Al final del puente, Bartolito llegó a un bosque en cuyo centro había una figura luminosa y potente: la Guardiana del Asco, una mujer con cabellos largos y dorados de mirada profunda y cálida, y que lucía un vestido cuyos colores cambiaban.

—"¡Bienvenido, Bartolito!". —dijo la Guardiana — "Has llegado a un lugar donde aprenderás que el Asco es una emoción sabia. Está aquí para distinguir entre lo que te nutre y lo que podría dañarte".

Ella extendió una mano y en ella había dos objetos:

Una fruta fresca y brillante, con un aroma suave y tentador y otra fruta que, aunque hermosa por fuera, estaba podrida por dentro y emitía un olor fuerte y desagradable.

—"Prueba si lo deseas" — dijo la Guardiana mientras le ofrecía las dos piezas. —"Esto te enseñará como el Asco te puede ayudar a elegir sabiamente".

Bartolito miró las dos frutas. Y, de pronto, comprendió que No todo lo que parece Hermoso es bueno, ni todo lo que inicialmente rechazarías debe ser ignorado.

Eligió la fruta fresca, agradeciendo la lección que acababa de comprender.

—" ¡Bartolito, ven, no te vayas aún , sígueme!' — le dijo Tito mientras revoloteaba a su alrededor.

—"¡Te prometo que valdrá la pena!.

Intrigado, Bartolito siguió a Tito por todo un camino de piedras que lo llevó a la puerta de un laberinto. En la entrada, un arco tallado tenía inscrito un mensaje:

"En los rechazos también se ocultan verdades, si aprendes a mirar más allá".

Bartolito miró a Tito, quien le guiñó un ojo.

—"Este laberinto te enseñará algo. No todo lo que repeles es malo. No todo lo que te atrae es bueno. A veces, el Asco es un protector, pero, también puede ser algo que te invite a reflexionar ".

Al entrar en el laberinto, Bartolito vio tres puertas. Una de ellas, estaba cubierta de flores brillantes. Otra, hecha de ramas oscuras y retorcidas. La tercera, translúcida, como si estuviera hecha de agua.

—"Elije una puerta Bartolito. Cada una te llevará a un lugar donde el Asco te revelará algo diferente".

Bartolito decidió empezar por la puerta de flores brillantes.

Al cruzarla se encontró con una gran sala. Había joyas relucientes esparcidas por todo el suelo y pequeños cofres cerrados de madera desgastada.

_"Aquí aprenderás que lo que brilla no siempre es valioso y que las cosas más humildes pueden guardar grandes tesoros. ¡Usa tu sentido y elige con cuidado!".

Bartolito se acercó primero a las joyas, pero al tocarlas, se desmoronaron en sus manos, revelando que solo eran ilusiones. Luego, inspeccionó uno de los cofres desgastados. Aunque parecía viejo y poco atractivo, decidió abrirlo. Para su sorpresa, encontró en él una pequeña flor, viva, que emitía un fresco y agradable perfume.

La flor comenzó a brillar.

—"El Asco y la atracción son herramientas, pero el verdadero discernimiento nace de la observación y la reflexión ".

Bartolito, animado, decidió explorar otra puerta, la de las ramas oscuras y retorcidas.

Al cruzarla se encontró con un bosque lleno de sonidos extraños y olores intensos. Sintió unos enormes deseos de darse la vuelta, pero, Tito le ánimo.

—"A veces, lo que nos asusta o repele también tiene algo valioso que enseñarnos".

Mientras avanzaba, encontró un pequeño animal enganchado entre las ramas. Era un pequeño zorro. Estaba asustado, cubierto de lodo y hojas secas. Aunque su aspecto era algo desagradable, Bartolito sintió pena de él y decidió ayudarlo. Liberó al animal y lo limpió con un puñado de las hojas secas.

Cuando el zorrito quedó libre, algo mágico sucedió: su pelaje comenzó a brillar y una voz emergió de entre los árboles:

—"El Asco no siempre es un llamado a alejarse. A veces, es una oportunidad para acercarte con valentía y descubrir lo que verdaderamente importa".

El zorrito, ahora reluciente y agradecido acompañó a Bartolito de vuelta al laberinto.

Bartolito decidió enfrentarse a la última de las puertas, la translúcida.

Al cruzarla, se encontró con un espacio totalmente Vacío. Solo un espejo había allí ocupando todo el centro. Cuando se acercó, no solo se vio a él sino también a escenas de su Vida proyectadas en el cristal.

Primero, vio un momento en el que él rechazó probar una comida nueva porque su aspecto le pareció extraño. Luego se vio evitando jugar con alguien porque tenía la ropa desgastada y llena de tierra. Bartolito sintió incomodidad y Tito le dijo:

—"El Asco también puede enseñarte a enfrentar tus perjuicios. No todo lo que rechazas mereces ser apartado. A veces, lo que menos esperas, tiene más valor".

Al aceptar esto, el espejo se disolvió y Tito le condujo de nuevo a la salida del laberinto.

Cuando Bartolito salió del laberinto, Tito lo despidió con una sonrisa mientras le daba un pequeño pero valioso recuerdo de aquel lugar: la pequeñita pero bella flor.

—"¡Lo hiciste muy bien Bartolito! Ahora entiendes que el Asco no es solo una barrera, también es un Maestro. Sigue tu camino con lo que aprendiste hoy".

# CAPÍTULO IX:
# VUELTA A CASA

Bartolito se sentó a orillas de un riachuelo. Un rayo de Sol parecía acariciarlo. Sentía en su interior que era ya el momento, de marchar para casa y dejar aquello.

Aquel lugar le había marcado. Había explorado los Puestos de las emociones, y todos y cada uno de ellos le había aportado algo diferente. Había reído, había llorado, sentido miedo y también descubierto su Fuerza Interior. Cada emoción le había dejado una huella.

De pronto, como un susurro salió del agua:

—"Bartolito, has recorrido este Mercado con valentía. Has aprendido muchas lecciones sobre las Emociones. Ahora, llega el momento de abandonar esto y volver a casa. Llevarás contigo una Misión. No debes dejar nada de lo aprendido claustrado en tu Interior. Compártelo. Bartolito tu deber a partir de hoy será ponerte al Servicio, difundir el Mensaje, desde el Amor incondicional, con valentía y coraje".

Bartolito miró a su alrededor. El Mercado parecía también despedirse de él. En el cielo, la Luna brillaba iluminando el camino que había de seguir de vuelta a casa. Una profunda quietud se podía respirar en el ambiente. Mientras caminaba hacia el exterior del Mercado, sentía como esos caminos antes para él desconocidos adquirían ahora un enorme significado.

Pensó en cada Emoción que había conocido:

—La Alegría, que le mostró que incluso en los momentos más pequeños se podía encontrar la Felicidad. Recordó cómo había saltado en aquel Puesto lleno de luces y risas, sintiendo que la Alegría siempre estaba a mano de aquel que decidiera buscarla.

—El Miedo, que al principio le paralizó, pero luego le mostró que la única manera de avanzar era haciéndole frente.

—La Ira, que aprendió a transformar en algo positivo. Se sonrió al recordar cómo había gritado y liberado su frustración, para luego sentirse mucho más ligero.

—La Tristeza, que le ayudó a aceptar que las lágrimas no eran signo de debilidad sino de sanación.

—La Sorpresa, que le recordó que la Vida está llena de momentos inesperados, como aquel mágico momento en que descubrió la caja brillante.

—La Gratitud, que le enseñó a ver la grandeza de todo lo que tenía, hasta en las cosas más simples.

—El Asco, que le mostró como protegerse y discernir, pero también como mirar más allá del trasfondo de las cosas que nos provoca de primera hora un rechazo inicial para encontrar hasta en ellas la belleza y el aprendizaje.

No era tristeza, ni era alegría lo que sentía en aquel momento. Era una mezcla de plenitud y melancolía. Mientras avanzaba, miró a su alrededor lleno de Gratitud.

Mientras se acercaba a la salida el viento le susurraba dejándole los últimos mensajes:

—"Cada emoción es un Maestro".

—"Acepta tus sentimientos, tus emociones, incluso cuando sean difíciles, porque son parte de ti ".

—"Siempre hay belleza, incluso en lo inesperado ".

Al llegar al arco que en su día marcó la entrada, y ahora la salida, se detuvo.

Miró hacia atrás por última vez:

—"¡Gracias, gracias por enseñarme tanto!".

Cerró los ojos, respiró hondo y cruzó el arco, sintiendo que no dejaba atrás el Mercado sino que lo llevaba en su corazón.

De pronto, Bartolito sintió al abrir los ojos la calidez del sol acariciando su rostro. Durante un instante no sabía dónde estaba. ¿Seguía en el Mercado?. Pero entonces se dio cuenta de que estaba en su casa, en su cuarto, en su cama.

Se incorporó despacio, ¿Había sido todo un sueño?¿O realmente había vivido aquel viaje? Miró a su alrededor y vio que todo estaba igual. Pero, al girarse hacia su mesita de noche su corazón le dio un vuelco. Allí, para su sorpresa, estaban: la campanita dorada del Puesto de la Alegría, la piedra transparente con chispa de luz del Puesto del Miedo, el fruto dorado del Puesto de la Gratitud, el farolito con llama en su interior del Puesto de la Ira, el frasquito de cristal con lagrimas del corazón y brillo de las estrellas del Puesto de la Tristeza, el cristal brillante del Puesto de la Sorpresa y la pequeñita flor del Puesto del Asco.

—"¡No fue un sueño! —exclamó.

Tocó cada objeto con sus manos, acariciándolos con mucha ternura, recordando los momentos vividos y las lecciones aprendidas. Estos tesoros no eran simples regalos, tampoco simples recuerdos, eran símbolos de semillas que ya estaban plantadas en él y que regaría y cuidaría con todo Amor cada día de su Vida.

Recordó las palabras del agua del río antes de marcharse del lugar:

—"Tienes una Misión: ¡Compártelo!".

Guardó todos los objetos en una cajita y salió al jardín.

Allí sentado en un banco bajo el gran árbol donde tantos y tantos días Bartolito había jugado con sus amigos, estaba sentado con un libro abierto en sus manos, su mejor amigo Fabián.

Al verlo, a Bartolito se le iluminó su cara:

—"¡Bartolito!" — "¿Dónde estabas?" — le preguntó.—"Te busqué por todas partes. Pensé que te habías ido ya sin despedirte…".

—"No, por supuesto que no. Nunca haría eso mi querido Amigo. El tren sale esta tarde. No puedes ni imaginar. Tengo tantas cosas que contarte…"

Bartolito se sentó junto a él.

—"¡Estuve en un lugar mágico, Fabián!" — le dijo muy ilusionado —"Un Mercado de las Emociones".

—"¿Eso existe?" —le preguntó Fabián extrañado —"Tienes que contármelo todo con detalle".

Pero antes de que pudiera seguir hablando, Bartolito escuchó la profunda y cálida voz de Sebastián, el cura de la Iglesia. Venía caminando con un libro bajo el brazo como solía hacer a diario.

—"¡Vaya, hombre!". — Dijo Sebastián con una sonrisa. —"Me alegra verte. Me extrañó que te fueras así de la Iglesia sin esperarme. ¿ Dónde te habías metido? Pensaba que ya no te vería más antes de marcharte".

Bartolito rápidamente se levantó de un salto y fue a abrazarle.

—"¡Sebastián! Aprendí tanto que no sabría por dónde empezar. Todo parece tan surrealista. Sin embargo, es verdad. Te prometo que todo lo que viví me hará ser mejor persona, mejor hijo y mejor amigo".

Sebastián comenzó a reír, feliz de lo que estaba oyendo. Y con esa sabiduría y paciencia que le caracterizaba se sentó también dispuesto a escuchar lo que Bartolito quería contar.

—"Cuéntanos, Bartolito. Pareces distinto ¿Qué pasó? Siento especialmente lleno de Vida y de Luz tu corazón ".

Al sonido de las risas y el alboroto, la mamá de Bartolito también apareció por el jardín.

—"¡Hijo, Bartolito!. Me tenías muy preocupada. Creía que te habías quedado esta noche en casa de Fabián. No te oí llegar. ¿Qué pasó? Te veo distinto a ayer. Parece como si hubieras crecido de golpe".

Bartolito la abrazó sintiendo que sus Emociones fluían ahora con más libertad y Amor que nunca.

Llevó a su mama, a Fabián y a Sebastián al interior de la casa. Entró a su dormitorio y salió con la cajita donde había guardado todos los regalos al salón, donde los tres me estaban esperando.

—" Poneros cómodos. Esto que voy a mostraros me pasó ayer. Y es que es todo Verdad aunque va a ser un poco difícil de contar".

Y Bartolito fue sacando objeto por objeto de aquella cajita mientras contaba todo lo que había vivido con ellos. Sus ojos denotaban decir la Verdad. Los tres escucharon la historia con curiosidad, cariño y expectativa.

Cuando terminó de contar su historia, el salón quedó en silencio. No era un silencio vacío. Era un silencio lleno de emociones: Amor, admiración, gratitud y conexión.

Ninguno de los tres pusieron en duda lo que Bartolito había contado. No era necesario. Podían verlo en sus ojos, en su voz y en los objetos que había traído consigo. Era real. Su viaje, aunque difícil de imaginar, era reflejo de algo que trascendía la lógica: un corazón que había crecido y florecido a través de las Emociones.

Sebastián conmovido dijo:

—"Bartolito, lo que has vivido es todo un regalo. Ahora no solo entiendes tus Emociones, sino que tienes el poder de compartir esa Luz con los demás".

Fabián añadió:

—"No importa donde te lleve la vida, siempre tendrás este Mercado dentro de ti y nosotros estaremos aquí para recordártelo".

Su mamá no dijo nada, simplemente le abrazó, dejando claro con ese gesto que no necesitaba expresar con palabras lo orgullosa y feliz que estaba.

Aquella misma tarde todos le acompañaron a la estación.

# CAPÍTULO X:
## AÑOS MÁS TARDE.

Han pasado muchos años desde que Bartolito visitó el Mercado de las Emociones.

Ahora, convertido en un adulto sabio y bondadoso, Bartolito es profesor en la Universidad. Da clases sobre "Inteligencia emocional", una materia que él mismo propuso cuando se dio cuenta de que las Emociones no son solo esenciales en la vida personal, sino también, en la profesional.

Su aula era un espacio acogedor, lleno de luz natural y decorado con pequeños detalles que reflejaban su personalidad: plantas en los rincones, estanterías llenas de libros y un gran mural donde se podía leer:

"Cada Emoción es un Maestro.

Conocer nuestras Emociones es conocernos a nosotros mismos".

Su forma de enseñar era única: No solo daba teoría sino contaba historias reales, aunque, nunca mencionaba el Mercado de las Emociones.

A menudo hacía uso de las metáforas para reflejar la Esencia de aquel lugar:

"Decir No es cerrar una puerta con suavidad, para proteger el santuario de tu Ser y solo dejar pasar aquello que alimente a tu Alma y tu Paz".

"Las lágrimas son lluvia que hace florecer nuestro Jardín interno".

Sus alumnos le adoraban pues además de enseñarle les escuchaba y valoraba en cada uno de sus encuentros.

Los estudiantes siempre llegaban a su clase con expectativas más allá de lo académico, pues, sabían que al final de cada lección saldrían con algo más que con conocimientos sobre la materia, también con una nueva forma de comprender el mundo y a si mismo.

Él solía repetirles:

"Tus Emociones son como estrellas: aunque a veces parezca distantes, déjate guiar siempre por ellas".

En su día a día, Bartolito había construido una rutina que le conectaba con lo que más amaba. Cada mañana despertaba y lo primero que hacía era regar las plantas de su jardín. Mientras lo hacía, les hablaba como si fueran viejas amigas.

Cada planta tenía un significado para él. Así, un gran árbol de hojas doradas que lucía en el centro le representaba la Alegría. Sus hojas brillaban al Sol, recordándole que siempre había algo por lo que sonreír.

Un arbusto de flores blancas que florecían en invierno, le recordaba la Tristeza, mostrando que incluso los momentos más fríos tenían su Belleza.

Un roble imponente, el Miedo superado. El enfrentarlo le había hecho más fuerte.

Y así, con cada una de las plantas que vivía en aquel hermoso hábitat.

Después, desayunaba mientras leía uno de los libros que Sebastián le llevaba cada vez que iba a visitarle.

Porque él no había perdido el contacto con sus raíces.

Su mejor amigo, Fabián, era maestro de escuela de primaria y aunque vivían en ciudades separadas, entre ellos eran habituales las video llamadas. Juntos hablaban de cómo influían las Emociones en los niños a quienes enseñaban.

Sebastián, a menudo, viajaba a Madrid a visitar a Bartolito. Juntos se sentaban bajo el gran roble a reflexionar sobre la vida como solía hacerlo antaño.

"Bartolito, ¡Estoy tan orgulloso de ti!"— le dijo en una ocasión — "Has tomado todo lo que aprendiste y lo has transformado en Regalo para todos y cada uno de tus alumnos".

Bartolito siempre respondía con humildad:

"Todo comenzó con lo que aprendí de ustedes. Siempre llevaré eso en mi corazón".

Aunque Bartolito no podía viajar a su pueblo porque sus compromisos como profesor se lo impedía, su relación con su mamá seguía siendo su refugio de Amor.

Su voz cálida y familiar, lo hacía sentir como si nunca hubiera dejado el Hogar. Ella, entre preguntas sobre su salud y consejos maternales, siempre le recordaba:

—"Hijo, tú eres mi mayor orgullo".

Bartolito conmovido, le respondía:

—"Mamá, todo lo que soy te lo debo a ti".

Aunque cientos y cientos de kilómetros les separaban, sus palabras tejían un puente invisible, lleno de luz, que les mantenía profundamente unidos. Era un Amor que desafiaba la distancia, inmenso, inquebrantable y eterno.

Un día, Bartolito llegó al aula con una idea especial. Sabía que esa clase iba a ser diferente, una clase más íntima y significativa. Llevaba tiempo observando a uno de sus alumnos: Mateo. Siempre se sentaba en primera fila. Era un joven lleno de curiosidad, preguntas y un entusiasmo que le recordaba mucho a sí mismo cuando era más joven: curioso, soñador y con deseos insaciable de aprender. Solía tener en su pupitre una libreta donde siempre estaba tomando notas y estaba llena de dibujos que hacía mientras escuchaba la lección de turno. Su mirada tenía una intensidad especial, era brillante y siempre estaba llena de cientos de preguntas. Parecía absorber cada palabra como si fuera una poderosa clave para entender el mundo.

Bartolito cogió el maletín que llevaba siempre con él, pero esta vez no sacó libros, ni libretas, ni lápices, sino cada objeto que había conseguido en el Mercado de las Emociones.

Los fue colocando sobre su escritorio mientras iba diciendo:

—" Hoy no vamos a dar teoría ni ejercicios prácticos. Hoy quiero mostraros algo muy especial. Estos objetos me acompañan en mi Vida y representan las lecciones más importantes que he aprendido. Son símbolos pero también recordatorios de cómo nuestras Emociones, incluso en las más difíciles, pueden guiarnos y fortalecernos".

Y así, por primera vez, comenzó a contar a sus alumnos su experiencia. Les habló de cada Puesto, cada lección y como esos momentos le habían ayudado a reencontrarse con su Niño interior.

Cuando terminó, había un silencio reverente en el aula.

Mientras los demás alumnos se quedaron en total silencio como reflexionando, Mateo levantó su mano y preguntó:

—"Profesor" —dijo con voz temblorosa y llena de emoción— "Usted describe algo que yo siempre he sentido, pero nunca he sabido explicar. Mi curiosidad, mis Emociones,....Todo eso es una parte de mi que a veces me cuesta muchísimo de comprender. Se me hace muy grande, ni yo mismo me entiendo".

Bartolito le miró con ternura y le dijo:

—"Mateo, lo que sientes es algo hermoso. Esa curiosidad, ese querer saber es un Regalo. Las Emociones, recuérdalo, no son un peso, son una brújula que te llevarán a lugares increíbles si aprendes a escucharla. Nunca la apagues. Serán tu Guía y si alguna vez sientes que es demasiado grande para manejarla, recuerda Agradecer. Cada pregunta que te haces es una oportunidad para aprender y crecer".

Mateo, conmovido, asintió:

—"A veces, siento que quiero saber de todo, pero me siento perdido, como sin saber por dónde empezar ".

Bartolito tomó el fruto dorado de la Gratitud y se lo entregó:

—"Toma esto, como un recuerdo. Agradece tu curiosidad porque es lo que te llevará lejos. Y cuando sientas que estás perdido, recuerda que eso es también parte del camino".

Esa noche Bartolito volvió a su casa reflexionando sobre su conversación con Mateo. Sintió que al igual que él había sido guiado por el Mercado de las Emociones y personas que creyeron en él, ahora era su turno de ser de guía de otros. Y aunque su historia en el Mercado de las Emociones fue hace muchos años siempre estaría presente en cada estudiante, en cada historia, y en cada momento en el que ayudara a alguien a comprender el poder de sus Emociones.

Y así, Bartolito continuó siendo no solo un profesor, sino un faro de luz en un mundo que necesitaba aceptar, abrazar y comprender sus Emociones.

# ÍNDICE